AF609803

Compre este libro en línea visitando www.trafford.com/08-1248
o por correo electrónico escribiendo a orders@trafford.com

La gran mayoría de los títulos de Trafford Publishing también están disponibles en las principales tiendas de libros en línea.

Illustrator: Lee Naujock. Editor:Eva Reyes.

Aviso a Bibliotecarios: La catalogación bibliográfica de este libro se encuentra en la base de datos de la Biblioteca y Archivos del Canadá. Estos datos se pueden obtener a través de la siguiente página web: www.collectionscanada.ca/amicus/index-e.html

ISBN: 978-1-4251-8749-1

En Trafford Publishing creemos en la responsabilidad que todos, tanto individuos como empresas, tenemos al tomar decisiones cabales cuando estas tienen impactos sociales y ecológicos. Usted, en su posición de lector y autor, apoya estas iniciativas de responsabilidad social y ecológica cada vez que compra un libro impreso por Trafford Publishing o cada vez que publica mediante nuestros servicios de publicación. Para conocer más acerca de cómo usted contribuye a estas iniciativas, por favor visite:http://www.trafford.com/publicacionresponsable.html

Nuestra misión es ofrecer eficientemente el mejor y más exhaustivo servicio de publicación de libros en el mundo, facilitando el éxito de cada autor. Para conocer más acerca de cómo publicar su libro a su manera y hacerlo disponible alrededor del mundo, visítenos en la dirección www.trafford.com/4501

www.trafford.com/4501

Para Norteamérica y el mundo entero
llamadas sin cargo: 1 888 232 4444 (USA & Canadá)
teléfono: 250 383 6864 • fax: 250 383 6804
correo electrónico: info@trafford.com

Para el Reino Unido & Europa
teléfono: +44 (0)1865 487 395 • tarifa local: 0845 230 9601
facsímile: +44 (0)1865 481 507 • correo electronico: info.uk@trafford.com

10 9 8 7 6 5 4 3

Poemas Pimpinela

Con poder y magia para relacionarse y ubicarse

Autora:Leticia Naujock

Dedicación

Por haberme dado la inspiración de escribir este libro le doy mi más profundo agradecimiento a mis queridos hijos, Erika Briza, Adán René, y Lee Claude Naujock.

Gracias,
Leticia Naujock

Prólogo

Poemas Pimpinela. Comenzó cuando yo terminé haciendo paz con mi conciencia. Han sido recopilaciones de algo que siempre me a gustado hacer. Escribo fantasías y realidades; son eclécticas, coloridas y cómicas. También espero que encuentren algo de romanticismo, como también la tragedia y la exasperación y ojalá los inspire a terminar de leer este libro.

Lo hice con mucho cariño, pensando que también podría ser terapéutico, todos somos seres humanos que sentimos y a veces pensamos que nos desbaratamos por algún sentimiento encontrado que hayamos tenido con alguien. Todos sobrevivimos primeramente con la ayuda de Dios.

Recuerden que estar triste o contento son solo sentimientos, pero si aprendemos a controlarlos, ojalá sea con moderación, porque no podemos vivir sin sentimientos, eso si sería una verdadera tragedia.

Espero que les guste el cuento de "La Vikina y El Charro", yo los pude ver de frente, el cuento "El Terco" también existe, y la muchacha que todo el tiempo decía que tenía sinusitis, ella sola se descubrió que eran mentiras porque se la pasaba todo el tiempo llorando por un amor que se había ido. Hay un poema muy triste también, el del "Padre Ausente" y el del jovencito que estaba desubicado. Ojalá que todos mis poemas tengan una relación con alguien y les ayude a ubicarse también.

Mi familia fué siempre parte de mi inspiración al haberme hecho que realizara este libro. Algunos de mis poemas estan dedicados a mis hermanos, mis sobrinos, a mis amistades y a los clientes de mi negocio, que les corté el cabello por más de diez años en San Juan Capistrano, California. A mis estilistas, les agradesco también por soportarme como su patrona por tanto tiempo. Aquí mismo de antemano, me disculpo por no haberles dedicado mas tiempo a mis hijos en su infancia y su juventud, los quiero mucho. Mi mamá es una persona muy especial en mi vida, siempre habrá un lugar en mi corazón lleno de mucho amor solo para ella.

Leticia Naujock

ÍNDICE

La Gitana	12
Los Primos	13
No Más	14
El Muso	15
Mi Otro Yó	16
Señora Tenga Bondad	17
Caprichosa	18
Fervor	19
Quisiera Ser Tu Mamá	20
Pulsos	21
Como Le Gustaría A Dios	22
Mi Hijita	23
Intuición	24
El Buen Humor	25
El Maíz	26
Querida Madrecita	27
Espidy González	28
Dignidad	29
El Florero	30
Las Tías	31
El Cristal	32
Amigas	33
Tórrido	34
Dentro De Mí	35
Chocolates Y Caramelos	36
La Sinusitis	37
Calma	38
Anhelo	39
Al Revéz	40
El Malvado	41
Yo	42
El Árbol	43
Coincidencias	44

A Mis Hermanos	45, 46
Otra Manera De Amar	47
Inconsolable	48
La Mente	49
Mi Pesar	50
Amor Inadecuado	51
Tres Gotitas De Agua	52
Tome Asiento	53
Sin Límite Y Con Temor	54
El Seno De Mi Madre	55
Solo Por Que Si	56
Serían O No	57
La Culpa	58
Que Dolera Más	59
Por Que Lloras	60
Extrañar	61
Mi Barbecho	62
La Tirita	63
Quien Soy Yo Para Contarlo	64
La Diferencia	65
Descanza Tu Corazón	66
Fé	67
El Pozo	68
El Gran Barco	69
El Abrazo	70
De La A a La Z.	71
Caricias	72
El Charro Y La Vikina	73
Brazos Cruzados	74
El Lavadero	75
Espejismo	76
Misericordiosamente	77
Ubícate	78
La Chispa	79
El Ánimo	80
Mi Enanito	81

Búscame	82
Conmigo Misma	83,84
Amar Con Coraje	85
Padre Ausente	86
Cumbres Borrascosas	87
El Llanto	88
Otra Vez	89
Corazón Henchido	90
La Náusea	91
Reconciliación	92
El Más Fuerte	93
Pobre Niño Millonario	94
Angustia	95
Solamente	96
Albur	97
Del Más Allá	98
El Imán	99
El Terco	100,101
Ya Era Tarde	102
El Filo	103
El Molinero	104,105
La Hija Del Viento	106

LA GITANA

Me lo dijo una gitana
En mi locura de niña,
Yo era curiosa y travieza
Quería saber el futuro.

Ella me decía, y yo escuchaba
Cuando leía y miraba mi mano,
Terminó y mi moneda desapareció,
Y yo pensé que me hipnotizó.

Pero ahora lo recuerdo,
Y de mi memoria salen
Solo hilos sin palabras
De lo que ella decía.

Ya tengo más monedas,
Pero a ella no la encuentro,
Para que me lo repita,
Esa astuta y mala gitana.

LOS PRIMOS

Rebeldes y sin causa
Se fueron y se alejaron,
Ya no tienen esperanza,
Todo el cariño se fué.

Nacieron libre de culpas,
Y andaban alrrededor.
Todo cambió con el tiempo,
No hay cariño, no hay amor.

Ser primo es divino,
Ahora todo es horror.
Ojalá que no sea tarde,
Para recuperar el honor.

NO MÁS

Ya no hay que llorar,
Ya no hay que sufrir,
Ya no hay que reclamar,
Ya no hay que reñir.

No más.

Ya no hay que pensar,
Ya no hay que decir,
Ya no hay que escuchar,
Ya no hay que sentir.

No más.

Ya no hay que traer,
Ya no hay que llevar,
Ya no hay que subir,
Ya no hay que bajar.

No más.

Ya no hay dolor,
Ya no hay tristeza,
Ya no hay lágrimas,
Ya no hay reclamos,

Ya no hay sufrimientos, ¡No más!

EL MUSO

Yo quería tener un muso
Para poderme inspirar,
Y sentirme volar
Por encima del mar.

Quería yo admirarlo en todo
Su esplendor y su belleza.
Quería sentir la brisa del mar,
Como una hermosa caricia.

Quería yo tocarlo y guardarlo
Y saber que me pertenecía.
Yo quería un muso para mí,
Para poderme inspirar.

Quería yo ver toda su belleza,
Y contemplar el universo celestial
Con sus maravillosas montañas
Su arco iris y sus flores de mil colores.

Yo quería tener un muso
Pero no lo ví, ni lo sentí.
Me dí cuenta tristemente,
Que solo existió en mi mente.

MI OTRO YÓ

Cuando me miré en el espejo
Eso si que me gustó,
Ahora si ví mi otro Yó,
Y eso si que me agradó.

Ahora estoy más sonriente,
Ahora ya soy diferente,
Y cuando salgo a pasear,
Saludo a toda la gente.

Espejito no me falles,
Porqué esta vez sí lo ví,
Ahora todo lo que toco,
Lo siento tan diferente.

Mi otro Yó me estaba esperando,
Muy pasible y tranquilamente,
Pero yo no abria los ojos,
Me la pasaba durmiendo.

Espejito eso si que me gustó,
Cuando yo me miré,
Mi rostro se reflejó,
Por fin miré mi otro Yó.

SEÑORA TENGA BONDAD

Señora vístase
Señora péinese
Señora píntese
Señora alégrese.

Señora que anhela
Señora que llora.

Señora camine
Señora salude
Señora cante
Señora reze.

Señora que añora
Señora que llora.

Señora visite
Señora pida
Señora coma
Señora beba.

Señora que añora, vístase.
Señora que anhela, péinese.
Señora que llora, píntese.
Señora que reza, alégrese.

Señora que sufre,
Mírese y sálvece,
Ágalo por usted,
Señora tenga bondad.

CAPRICHOSA

Diosito porqué me naciste
Con esos defectos,
Nada de lo que hago
Tiene su efecto.

Tengo ojos y no veo,
Tengo oídos y no escucho,
Ya me sé el camino,
Y aún me pierdo.

Diosito porqué me naciste
Con esos defectos,
Hablo y no digo nada,
Me lo dicen y se me olvida.

Ser caprichosa sin saberlo,
Es estar perdida en el desierto.
Diosito porqué me naciste
Con esos defectos.

FERVOR

Yo te adoraba con pasión
Y te cuidaba con amor.
Yo te admiraba con pureza,
Y todo lo hacía con fervor.

Eras mi estrella, eras mi guía,
Eras mi luna, eras mi sol,
Eras mi día, eras mi noche
Y ahora, todo desapareció.

La noche se fué con la brisa
Y el día llego como el viento,
Pero yo ahora me arrepiento,
De lo que hacía con fervor.

Amor, honor y fervor,
Son cosas tan diferentes,
Que cualquiera que las encuentre,
Sabrá de mucho dolor.

Para que tanto fervor.

QUISIERA SER TU MAMÁ

Yo quisiera haberte nacido,
Yo quisiera ser tu mamá,
Solo préstame tantito
Ser mi hijo por un ratito.

Cuando te conocí
No sabía que decir,
Y como el tiempo pasó
Yo ya me convencí.

Tengo guardado conmigo
Unos brazos y un cariño,
Están en mi corazón,
Yo solo espero la razón.

Yo quisiera haberte nacido,
Yo quisiera ser tu mamá,
Si tú, quieres ser mi hijo,
Yo solo quisiera saber.

PULSOS

Hay pulsos normales
Y hay pulsos injustificables,
También hay otros pulsos
Traicioneros e incontrolables.

Hay pulsos que hieren,
Hay pulsos que matan,
Pero también hay otros,
Que te desbaratan.

Hay pulsos normales y justificables,
Otros te enloquesen y te desaniman,
Pero los de gozo y júbilo,
Son los que devuelven la vida.

COMO LE GUSTARIA A DIOS

Como le gustaría a Dios,
Que en este mundo terrenal
En que estamos viviendo,
Caminaramos sin arrastrar lo pies,
Y que en estos caminos que andamos
Fúeramos con paso firme y seguro,
Sin molestar la tierra.

Y si acaso hacemos surcos,
Sembremos semillas a nuestro paso,
Todo depende de nosotros,
Si las semillas son buenas o malas,
Para que el día que tengamos
Que volver la vista hacia atrás,
Veamos bosques frondosos, y no desiertos.

Dios nos formó con lodo, y algun día,
En polvo nos convertiremos
Y nos mezclaremos con la tierra otra vez.
Tenemos que ser útiles, para que este mundo
Terrenal sea, como a Dios le gustaría.

MI HIJITA

Mi *chimoltrufita* adorada,
Mi císne de algodón,
Niña de mis ojos,
Dueña de mi corazón.

Mi primer milagro,
Que sin saberlo yo,
No sabía lo que esperaba
Y me sorprendió tu amor.

Al verte y sentirte,
Parecías como un bombón,
No sabía si besarte o comerte,
Eres una Bendición.

Mi *chimoltrufita* adorada,
Mi císne de algodón,
Niña de mis ojos,
Dueña de mi corazón.

INTUICIÓN

Despierta mi sexto sentido,
Para que veas mi intuición,
Encuéntrame y ténme contigo,
Para que veas mi intención.

Me voy hasta el infinito,
Y no encuentro lo que busco,
Llévame a la eternidad,
Que ahí habrá felicidad.

Despierta mi sexto sentido
Y llévame para contigo,
Yo quiero ir a el infinito,
Para que veas mi intuición.

EL BUEN HUMOR

Que bonito era, cuando
Olíamos a pétalos de rosa,
Que bonitos aromas,
Que bonitos olores.

Andábamos de buen humor
Y teníamos buen olor,
Ahora solo quedan los recuerdos,
Tenemos que ver la realidad.

Los ayeres no se pueden comprar,
Ahora solo queda recordar
Que hay que usar agua y jabón,
Para tener buen humor.

EL MAÍZ

Yo nací como un maíz,
Me siento como un maíz,
Me veo como un maíz,
Y pienzo como un maíz.

Yo quiero ser tortilla de harina,
Quiero ser blanca,
Quiero ser grande,
Quiero ser fina.

Yo nací como un maíz,
Pero quiero ser de harina,
Yo le voy a revolver,
Para ver quién se anima.

Ahora soy una "*gortilla*",
Ni soy gordita,
Ni soy tortilla,
Y mi sabor llega hasta la coronilla.

Yo nací como un maíz,
Pero quiero ser de harina,
Y como le revolví,
Ahora nadie se me arrima.

QUERIDA MADRECITA

Madrecita, por qué no eras
Tan tierna cuando yo nací,
Por qué no había cariño
Cuando mis ojitos yo habrí.

Madrecita por qué no escuché
Tus canciones de cuna,
Tampoco sentí tus caricias,
Ni tus besos con ternura.

Yo lloraba y tú no me consolabas,
Cuando yo tenía sed, no me dabas de beber,
Yo me caía, y tú no me levantabas,
Yo te decía madre, y tú no me escuchabas.

Tú no me quisiste cuando yo nací,
Ahora ya crecí y no te tuve a tí,
Yo te quiero mucho madrecita,
Y mi corazón lo tengo contento.

Siento muchas ganas de vivir y
Tengo mucho cariño que dar,
También muchas caricias y abrazos.
Madrecita gracias por haberme nacido.

ESPIDY GONZÁLEZ

Tú eres mi ídolo,
Tú eres mi muso,
Por eso te quiero,
Por eso te uso.

Tú estás en mi mente
Tú me haces reír,
Por eso te quiero,
Por eso te uso.

Tú eres mi muso,
Cuando miro las estrellas,
Cuando salgo y me divierto,
Cuando voy y cuando vengo.

Tú eres mi ídolo,
Tú eres mi muso,
Por eso te quiero,
Por eso te uso.

DIGNIDAD

Perdí en el juego del amor,
Dicen que el amor mueve montañas,
Y mi amor lo único que movió, fué
El polvo con la punta de el zapato.

Dicen que el amor es ciego,
Y a mí se me cayó la venda
de los ojos muy pronto,
No me gustó lo que ví.

Entré en el juego de el amor,
Perdí mi tiempo, mi dignidad,
Y muchas otras cosas más,
El pasado, es traicionero.

Mi mente no ha podido descanzar,
Solo quiero buscar el porqué,
El error no ha sido mío,
Solo sé que tendré que pagar.

Aunque no esté dispuesta a perder,
Ya encontraré la verdad,
Quiero ser felíz otra vez,
Quisiera tener magia y poder.

EL FLORERO

Ojalá que todo el tiempo
Este lleno con aire,
Porque lo necesitamos,
Es el mismo que respiramos.

Ojalá que todo el tiempo
Este lleno con agua,
Porque es la misma,
Con la que nos refrescamos.

Ojalá que todo el tiempo
Tenga flores aire y agua,
Porque solo ahí posando,
Nos dará suerte y felicidad.

LAS TÍAS

El cabello de las tías,
Unas lo tienen largo,
Otras lo tienen corto,
Las tías son así.

Las tías estan así,
Unas estan gorditas y
Otras son menuditas,
Unas son altas y otras bajitas.

Las tías dicen así,
A mi me gustan las fiestas
Y a mi me gusta esconderme,
Otras dicen que no les importa.

Todas somos diferentes,
Ya no tenemos remedio,
Somos muy orgullosas,
Y todas somos rebeldes.

EL CRISTAL

¿Por qué el cristal esta ahí?
No permite que te mojes,
Pero si sientes el frío.
¿Te proteje o te invita?

¿Por qué el cristal esta ahí?
Es transparente como el agua
Y se puede ver através de el,
Pero no te permite tocar.

¿Por qué el cristal esta ahí?
Te deja ver y que sufras,
Que te rías y que añores,
¿Te proteje o te invita?

AMIGAS

Para todas mis amigas,
Ahora yo les voy a enseñar,
Que no es pecado equivocarse
No las voy a criticar.

Mis amigas son alegres,
Y otras un poco tristes,
Algunas veces se enferman,
Solo quedan cicatrices.

Mis amigas no lo saben,dicen que
cuando aman sienten mariposas,
Yo digo que son lombrices,
Y así pasan las cosas.

Mis amigas que trabajan,
Mis amigas que no paran,
Mis amigas van y vienen,
Como reinas de panal.

TÓRRIDO

Lo tórrido puede ser,
Algo que te guste mucho,
Como ver el agua caer
De una gran cascada.

Lo tórrido puede ser,
Simplemente sentir
Un júbilo de alegría,
En tu alma y tu corazón.

Lo tórrido puede ser,
Tener la mente llena de ideas,
Y sentir la sangre que corre,
Como un pálpito en tu conciencia.

DENTRO DE MÍ

Como me gustaría verme por dentro,
Para saber cuanta paciencia me queda,
Y cuanto dolor y angustia hay en mí,
Y saber cuanta alegría tengo guardada.

Quisiera saber cuanto cariño hay por dentro,
Y también saber cuanta tristeza me queda,
Como me gustaría verme por dentro,
Y saber cuanto me queda de todo.

Y si solamente me quedara una cosa,
Me gustaría que fuera la esperanza,
Porque no podría vivir sin ella.
Que es, lo que en realidad me sostiene.

Incluye las ganas de vivir y seguir adelante,
Porque siempre me ayuda a soportar el dolor,
Que está separando cada parte de mi cuerpo,
Como me gustaría verme por dentro.

CHOCOLATES Y CARAMELOS

Antes no me gustaban
Ni los chocolates, ni los caramelos,
Mucho menos las papitas,
El pasado era el pasado.

Comencé un nuevo presente,
Ahora como chocolates y golocinas,
De vez en cuando como papitas,
Pero hay algo que más me gusta.

Son los caramelos, especialmente
los chocolates, cuando los como
los saboreo y los disfruto,
El caramelo es mi favorito.

Me los como de muchas formas,
Son deliciosos y los disfruto,
Ahora solo vivo el presente,
Porque el pasado ya se fué.

LA SINUSITIS

Me duele mucho la nariz, los ojos,
La frente y las cejas también,
Pero lo que más me duele es
El pensamiento de haberme equivocado.

Que sinusitis ni que nada,
Solo era un gran llanto,
Que yo estuve guardando,
Con el tiempo se acabó la excusa.

Era el dolor de un gran sufrimiento,
Que me salía del alma y del pensamiento,
Yo quería seguir resistiendo.
Pero la presa se desbordó.

CALMA

Porqué no podemos detener
Los sentimientos que molestan,
Que nos enferman de tristeza y de dolor.
Que nos enferman de coraje y arrepentimiento.

Porqué no podemos controlar
La felicidad o la paciencia,
La calma sería la justa medida,
Tenemos que encontrar la calma.

ANHELO

Ya tengo a la persona
Que es fuerte y tierna,
Es impaciente pero sabe esperar.
Ya no tengo anhelo en mi corazón.

Ya encontré a la persona
Que pelea pero sabe rendirse,
Sabe luchar pero con cordura,
Es impulsivo pero con cautela.

Él es rebelde y dócil a la vez,
Llora y se ríe de si mismo,
Tiene un gran espíritu,
Ya no tengo anhelo en mi corazón.

AL REVÉS

Un día me dí cuenta que
Era mejor hacerlo todo al revés,
Era mejor dar que recibir y
Reirse hasta llorar es felicidad.

Estar empapado de la lluvia
Es mejor que no tener agua,
Sufrir, es mejor que no sentir,
Hacer las cosas al revés es divertido.

EL MALVADO

Un día, me lo encontre en mi camino,
Le enseñé de todo lo que yo aprendí,
Todo era bonito y le gustaba, y seguiamos
Andando y cantando por el camino.

De repente un día sin saber el porqué,
Mi amigo se salió de mi camino,
Ese indino caballo malvado,
Me pateó, corrió y se perdió.

YO

Cuando yo te encontré,
Tú caminabas inseguro,
Yo te sostuve siempre,
Tus tobillos firmemente.

Ahora yo perdí mi balance,
Y tú caminas firmemente,
Tú ya no estás a mi lado,
Ya no eres nada mío.

Me tropezé y no caí,
Tuve mis manos para detenerme,
Tú y Yo, ya no estamos juntos,
Yo seguiré adelante siempre.

Cuando yo te encontré,
Es porque tú, te cruzaste en mi camino,
Ahora yo debo seguir adelante,
Por que tú ya no eres nada mío.

EL ÁRBOL

Estaba el árbol ahí solo mirándome,
Con sus ramas extendidas,
Como queriendo abrazarme
Y decirme cuando tengas lástima de Tí ,
Acercate a mí. Amigos nosotros tenemos mucha
Suerte de andar por todas partes, pero el árbol no,
El siempre esta ahí, con tantas historias que quisiera
Contar y con sus ramas siempre extendidas como
Queriendo abrazarte, recuerda cuando tengas
Lástima de Tí, acércate a un árbol como me pasó a
Mí.

COINCIDENCIAS

Todo era maravilloso,
Todo era fabuloso.
Pensabamos igual,
Eran muchas las coincidencias.

Nos gustaba la misma música,
Teníamos la misma religión,
Nos gustaba la misma comida,
Teníamos las mismas tradiciones.

Nos gustaba el campo,
Nos gustaban los rios,
Nos gustaba la familia,
Nos gustaban los negocios.

Nos gustaba el trabajo,
Nos gustaba caminar,
Nos gustaban los corridos,
Nos gustaba viajar.

Todo era casi maravilloso,
Todo era casi fabuloso,
Todo era casi igual,
Todo era casi, casi.

Era una espada de doble filo,
Solo eran puras coincidencias,
Horribles dañinas y con malicia,
Eran coincidencias inconcebibles.

A MIS HERMANOS

Yo tengo una hermana,
Que no me llama, para no escucharme,
Y que no me visita, para no mirarme,
Yo, así quiero a mi hermana.

Yo tengo dos hermanas,
Que son calladas,
No sonríen, son muy serias,
Yo, así quiero a mis hermanas.

Yo tengo tres hermanas,
Que les gusta la música y
Que les gusta ir de compras,
Yo, así quiero a mis hermanas.

Yo tengo cuatro hermanas,
Que cuando se juntan,
Siempre están muy contentas,
Yo, así quiero a mis hermanas.

Somos cinco hermanas,
Todas distintas, diferentes,
Unas rebeldes y otras calladitas
todas ya nos conocemos.

También tengo mi único hermano,
El es tan diferente,
Es pasible e impasible,
Y también es, muy imposible.

Todos nos queremos,
Pero no nos adoramos,
Solo cuando nos vemos,
Nos saludamos y nos abrazamos.

Somos seis hermanos,
Tenemos los mismos papás,
Yo soy habladora y comprometedora,
Yo soy la que no siento y la indiferente.

Todos mis hermanos,
Nos reunimos solo con el pensamiento,
Nos queremos sin decirnos,
Ojalá no sea muy tarde, para sacar lo que siento.

OTRA MANERA DE AMAR

Ya se amar de otra manera,
Primero hacia castillos en el aire,
Después yo volava entre las nubes,
También veía todo color de rosa.

Pensé que tu me amabas de verdad,
Pero muy pronto ví la realidad,
Con el tiempo aprendí que existía
Otra manera de amar.

Comprendí que no eras libre
Que no valía tu palabra.
Y que tampoco me pertenecías,
Todo era una mentira.

Los castillos eran de arena,
Esas nubes solo eran pasajeras,
Y el color de rosa se hizo gris,
Ahora si se amar, con coraje de adeveras.

INCONSOLABLE

Después de dejar pasar el tiempo
Todavía sigo inconsolable.
Ya no hay mas agua salada en mis ojos,
He viajado y he visto nuevos lugares.

Ya tengo nuevas amistades,
Y tengo nuevas ideas,
He cantado y he bailado,
Y todavia sigo inconsolable.

Tal vez tengo los pensamientos
Equivocados y desordenados,
Estoy buscando la receta,
Para esta enfermedad.

Ya no me queda nada,
Ni un soplo de fuerzas,
Ese es mi desconsuelo,
Esa es mi desgracia.

No me he podido defender,
Nada puedo controlar,
No me he sabido consolar,
Lo inconsolable, yo me quisiera curar.

LA MENTE

La memoria tiene poder,
Podemos guardar recuerdos,
Unos bonitos y otros feos,
Pueden ser tristes o alegres.

Algunas veces hacemos planes,
Unos para construir, otros de destruir,
Queremos recordar y no podemos,
La mente es poderosa y traicionera.

A veces está en blanco
No podemos reaccionar,
Actúa involuntariamente,
Para bien, o para mal.

Cuando se pierde el control
Y no hay razonamiento,
Somos víctimas de un shock.
Pero la mente que tiene fé, es la que triunfa.

MI PESAR

Cabaretera profesional
Pútrida y llena de odio.
Perra de muladar,
No tienes nada que dar.

Solo llevas la venganza,
Y arrastrando a quien tu puedes
Los llevas a tu jacal.
Cabaretera profesional.

Que Dios te perdone todo
Cuando ya sea tu final,
Siempre has querido pelear
Muy en contra de mi pesar.

No vale la pena
Terminar ya de escribir…..

AMOR INADECUADO

Acepto la realidad ante mis ojos,
Viví un amor inadecuado,
Era un sueño equivocado,
Yo fuí egoísta y desconsiderada.

Estaba fuera de la realidad,
No había dolor, ni había tristeza,
Todo era fácil y distinto,
Mi amor era inadecuado.

Ahora debo ver la realidad,
Ya siento tristeza y dolor,
Estube ciega y equivocada.
Lo inadecuado, no es lo mas considerado.

TRES GOTITAS DE AGUA

Son tres gotitas de agua
Viviendo en un desierto,
Que tienen de todo,
Pero están tan necesitadas.

Tres gotitas de agua
Que son como el aceite,
Son suaves y resbalan,
Y hacen ruido como el agua.

Tan nuevas y a la vez ya muy usadas,
Tienen ternura y se sienten como lijas,
Son tres gotitas de agua y huerfanitas
En medio de un desierto.

TOME ASIENTO

Que como me siento,
Estoy en el limbo,
No me encuentro,
Siento que sufro.

Me falta el aliento,
Así es como me siento,
Mi corazón esta oprimido
Y con júbilo a la vez.

Quisiera respirar profundo,
Y encontrarme para no perderme,
No sé en donde me encuentro,
Yo mejor tomaré asiento.

SIN LÍMITE Y CON TEMOR

Te quiero muchísimo,
Pero tengo temor,
De quererte más,
No quiero conocer el límite.

Me duele tener que ser irresponsable,
No quiero tener que separarme,
Ya confundí el día con la noche,
Y el amor, con el odio.

Te quiero muchísimo,
Pero tengo temor,
De quererte más,
No quiero, ... conocer el límite.

EL SENO DE MI MADRE

Yo recuerdo como mi madre,
Me acojía dulcemente en su seno,
Me alimentaba y me tenía en su regazo,
Sentía felicidad y tranquilidad.

Yo respiraba y suspiraba profundo,
Que sentimiento tan maravilloso
Es tener el amor de una madre,
Pero el recuerdo me traicionó.

Porque en mi memoria solo existió,
Ojalá que yo pudiera algun día
Darles a mis hijos algo más que eso,
Más que un suspiro, más que mi cariño.

Como yo pudiera saber que así a sido,
Me gustaría saber si lo he conseguido,
Porque la punzada que siento en mi corazón,
Quiero que desaparezca de mi razón.

SOLO POR QUE SI

Solo por que sí,
Suspiro a cualquier hora de el día.
Solo por que sí,
Te extraño en qualquier instante.

Solo por que sí,
Siento tranquilidad en mi corazón.
Solo por que sí,
Tengo que aprender a ser diferente.

Por que ahora sufro.
Antes de que te conociera
No existía en mi la pena,
No habia dolor.

Pero solo por que sí,
Ahora lo dejo así.

SERÍAN O NO

Mire dos aves pasar volando,
Las miré alejarse juntas,
Era un Aguila y un Fénix,
Los oí que iban cantando.

¿Serían o no?

LA CULPA

Cuando rezaba, se daba golpes de pecho,
Ahora va rodando con el viento,
Se tropezó y no se encuentra,
Ahora ya solo murmura mi ausencia.

La culpa la lleva por dentro,
Está en un túnel sin salida,
Con esa desgraciada pena que siente,
Ahora no hay manera de salvarlo.

Su culpa no tiene remedido,
Se quedó con la verguenza,
Ya era tarde para darse cuenta
No puede regresar el tiempo.

Cuando reza se da golpes de pecho,
Ahora va rodando con el viento,
Tiene un gran resentimiento,
Ahora ya solo murmura mi ausencia.

La culpa la lleva por dentro,
No hay manera de salvarlo,
Se necesita un milagro,
Para arrancarsela de adentro.

QUE DOLERA MÁS

Que dolerá más,
Un engaño, o una traición,
Una herida abierta, o un desprecio,
Un remordimiento, o un abandono.

Que dolerá más,
La soledad, o nunca haber amado,
La desesperación, o el coraje,
Si no duele, ...es que no estas vivo.

POR QUE LLORAS

Díme porque lloran tus ojos,
Será porque ven tanta injusticia,
O será porque tu alma esta triste,
O porque te duele tu corazón.

Será que tu mente te traiciona,
Yo sé, que lo que ves, lo sientes,
O será que lloran por todo,
Podría ser, que tus ojos no saben llorar.

EXTRAÑAR

Extrañar es, ya no tener lo que se tuvo,
Extrañar es, necesitar lo que ya no está,
Extrañar es, sentir un vacío en el pecho,
Extrañar tiene que ser bueno.

No se puede extrañar lo que nunca fué,
Lo que nunca pasó, lo que no pudo haber sido,
No se puede extrañar sin saber que pudo ser,
Nunca hay que extrañar por extrañar.

MI BARBECHO

Antes de comenzar
Lo pensé y lo pensé,
Antes de tocarlo
Lo veía y lo veía.

El viento me llamaba
Y me decía ven, ven,
Me estorbaban las piedras
Y la yerba, y yo las quitaba.

Yo movia la tierra y la abonaba,
Quería plantar y cosechar,
Algo bueno pasaría,
No me importaba el sufrimiento.

Yo decía que podía y sabía,
Pero la cosecha no se dió,
Las semillas eran vanas, después
Vino el huracán, y arrazó con el barbecho.

LA TIRITA

La tirita esta felíz
Cuando la mueve el viento,
Va y viene, sube y baja,
No la olviden ni la dejen.

Cuando cambia de color,
Esta felíz y contenta,
Se encoje y se extiende,
Y brinca con gusto, para que regreses.

QUIEN SOY YO PARA CONTARLO

Oí una voz con un déjo de extrañeza,
De amargura, y con un dejo tan lejano,
Inalcanzable, y tan profundo.
Era algo fuera de este mundo.

Se le oía la voz vacia e indiferente,
Como que no quisiera que pasara el tiempo,
Y sin importarle el futuro.
Yo sentía escalofrio solo al escuchar.

Lo ví como si fuera un fantasma,
O una estatua hecha de polvo,
Porque vino el viento y se lo llevó,
Me quedé sin palabras y pensando.

En esa voz que oí en la lejanía,
Y en el fantasma que ví.
Todo fué como un sueño,
Quién soy Yo para contarlo.

LA DIFERENCIA

No puedo ver o sentir la diferencia
De el pudor o la verguenza,
Se necesita paciencia,
O tendrá algo de ciencia.

Habrá de esto diferencia,
O solo está en mi conciencia,
De el pudor o la verguenza,
No puedo ver, o sentir la diferencia.

DESCANZA TU CORAZÓN

Deja el corazón en páz,
Déjalo que descanse.
Usa tus cinco sentidos,
Para enseñarte a querer.

Usa tu conocimiento,
Usalo como experimento.
Si deveras sabes quererte,
Lo verás con agradecimiento.

Cuando vayas a pasear,
Y cuando andes por ahí,
Deja el corazón en páz,
No te lo quieras llevar.

Descanza tu corazón,
Usa tus cinco sentidos,
Si deveras quieres vivir,
Lo verás con agradecimiento.

FÉ

Tener fé, es poder
Saborear el agua
De un manantial.
Es poder soportar el dolor.

Tener fé, es saber
Llenarse el espíritu de vida,
Es llorar con alegría,
Es poder ver, una luz en la lejanía.

Tener fé, es poder sentirla
Sin tener que verla,
Es trabajar duro y no cansarse,
Es no tener hambre ni sed.

Tener fé,
Es sentirse querida
Sin estar cerca de alguien.
Es bonito tener fé.

EL POZO

El pozo siempre ha visto muchas caras,
Ha visto el sol, la luna y las estrellas,
Ha sentido la lluvia y ha oido muchos ecos,
El pozo guarda muchos recuerdos profundos.

El pozo a tenido pescaditos y basura también,
Le llega la luz, los gritos y las lágrimas.
Desde lo más profundo ha sabido esperar,
A que llege el sonido de alegría y felicidad.

EL GRAN BARCO

El barco más grande
De todo el mundo
Podía ir y venir,
A su propio gusto.

No le bastaba que podía anclar
En cualquier parte de el mar,
No le bastaba que era el mejor,
No era felíz.

Un día se detuvo en una isla,
Le gusto mucho y ancló,
No quería partir,
Se quería quedar para siempre.

Tenía una cadena muy fuerte,
Pero no resistió el paso de el tiempo.
Las tempestades y los huracanes,
Fueron lo suficientes para echarlo a la deriva.

El barco más grande
de todo el mundo
Podía ir y venir,
Pero no era felíz.

EL ABRAZO

Tomé un siglo en aprender
A darlo con calor y gusto,
Con simpatía y cariño,
Y con sentimiento y orgullo.

También aprendí a darlos,
Con consentimiento y necesidad,
Con agradecimiento y alegría,
Y sin compromiso y con magia.

Y cuando es necesario, con pesar,
Aprendí a darlos, sin más ni más,
Para regalar simplemente un abrazo,
No hay que esperar un siglo en aprender.

DE LA A HASTA LA Z

Habyby yo solo quiero
Ser tu amiga
Y estar contigo,
De la A hasta la Z.

La palabra duda,
No existe en mi diccionario,
Cuando la usas, no te entiendo.
Sin ti no me encuentro y me pierdo.

Habyby yo solo quiero
Ser tu amiga y estar contigo,
De la A hasta la Z,
Porque solo así, me siento completa.

CARICIAS

Mirar la luna llena es,
Sentir las caricias, de alguien
Que te quiere mucho.

Mirar la luna llena es,
Sentir el calor de un ser querido,
Es poder respirar profundo,
Y tratar de llegar hasta el infinito.

Mirar la luna llena es,
Sentir las caricias, de alguien,
Que te quiere mucho.

EL CHARRO Y LA VIKINA

El charro aprendió el flamenco,
Y la vikina el jarabe tapatío,
El tiene el corazón enchido,
Y ella lo dejó en españa.

El se guía con la luna,
Y ella con las constelaciones,
El hace ruido con sus espuelas,
Ella camina sin prisas.

El charro es bajito y moreno,
Y la vikina es alta y bonita,
A él le gusta el tequila,
Y a ella el vino dulce.

Hay que tradicionales,
Que bonitos y que envidiables,
Yo solo les quería anunciar,
Para cuando los vean pasar.

BRAZOS CRUZADOS

Ya no puedo estar así,
Con los brazos cruzados,
Ahora solos se me descruzan,
Poco a poco voy aprendiendo.

Hoy con el paso del tiempo,
Comprendo que todo cambia,
Yo tenía los brazos cruzados,
Y ahora solos se me descruzan.

EL LAVADERO

Lavadero, lavadero,
Porque serás tan mugrero,
Tu pila tiene agua limpia,
Pero yo a tí, no te quiero.

Lavadero, lavadero,
Yo no quiero llegar primero,
Eso lo vamos a ver, y por fin tu me dirás,
Porque yo a tí, ahora tanto te quiero.

ESPEJISMO

Fuí al desierto y ahí estuve algunos años,
Ví y sentí cosas hermosas, después
Me descuidé y los ojos,
Se me llenaron de arena, se me empañaron.

Con el tiempo, fuí viendo con claridad,
Me daba cuenta que todo lo hermoso,
Solamente era un espejismo,
La vida se me estaba yendo.

Como granos de arena entre mis dedos.
Tenía que rescatar lo único que quedaba,
Tomé mi orgullo y mi dignidad,
Y huí de ese desierto, sin mirar atrás.

MISERICORDIOSAMENTE

Por un momento mi sexto sentido
No me dejó que te sintiera.

Por un momento mi sexto sentido
No me permitió que te mirara.

Mi sexto sentido me traicionó,
Me hizo que me olvidara
De todos mis otros sentidos,
Misericordiosamente.

UBÍCATE

Ni soy de aquí, ni soy de allá,

Nací entre dos piernas.
Mamá siempre me dice, ubícate, ubícate,
Y cuando te muevan el piso
No te pierdas, no te pierdas.

Mamá, Yo a donde pertenezco y
Tú solamente me dices, ubicate, ubicate,
Yo nací entre dos piernas.
No sé si me caí, o me cachaste.

Mamá, Yo a donde pertenezco
Tú siempre me dices, ubícate, ubícate,
Cuando andes allá, eres de allá,
Cuando estés aquí, eres de aquí.

Mamá ,Yo a donde pertenezco.
Naciste entre dos piernas,
Y ya no te me pierdas.
Tú eres, de donde te arrullé.

Ubícate, ubícate.

LA CHISPA

La chispa no tiene profundidad
Brilla y relampagea,
Cuando la miro en tus ojos,
Me da una gran felicidad.

Chispa clara y brillante
Es como un diamante,
Cuando miro tu sonrisa,
Me siento muy rozagante.

La chispa puede ser inalcanzable,
Quisiera tenerla en mis manos,
Y guardala en una caja de cristal
Para poder mirarla y admirarla.

La chispa puede ser abstracta.
Cuando la veas guárdala en tu corazón
Para que no deje de palpitar
Y nadie te robe tu felicidad.

La chispa no tiene profundidad.

EL ÁNIMO

Yo solamente quisiera saber
Porque a veces falta el ánimo,
Porque se va el ánimo,
Porque no hay ánimo.

Cuando yo me despierto
Y no está el ánimo,
Siento un gran vacío en mí pecho,
Lo he buscado y no lo encuentro.

Cuando quiero levantarme
Y no tengo mi ánimo
Me faltan las fuerzas,
Quien se ha llevado mi ánimo.

Cuando mi corazón late despacio,
Es porque no tengo ánimo,
Yo quisiera saber,
Quien se robo mi ánimo.

Yo pretendo que se fué de viaje,
Y algun día regresará,
Voy a buscarme un sillón,
Para no cansarme de esperar.

MI ENANITO

Mi enanito querido
Que del cielo llegó,
Y con nosotros se quedó.
Anda buscando un lugar
Para poderse acomodar.

Es como un duende viajero,
Que se escurre y se esconde,
Espero que Dios lo ayude,
Y vaya por buen sendero.

Mi enanito querido,
Que de el cielo llegó,
Que se quede con nosotros,
Que se encuentre y no se pierda,
Porque aquí estaré siempre yo.

BÚSCAME

Búscame entre el brillo de la luna,
Búscame entre las olas de el mar,
Búscame entre el ruido de el viento,
Búscame que ahí estaré.

Búscame entre las montañas,
Búscame entre en los desiertos,
Búscame entre el exceso de todo,
Yo también estaré, con exceso de encontrarte.

CONMIGO MISMA

Ya casi cumpliendo los 50,
Que poco sabía Yo de mi vida,
Que todo cambiaría,
De rumbo y de dirección.

Me enfrente conmigo misma,
No me gustaba lo que veía,
No me gustaba lo que sentía,
Fue algo tan inesperado.

Tuve que luchar con mi mente,
Y enfrentarme a mi destino,
Tome las riendas de mi vida,
Con un valor indescriptible.

Mi felicidad estaba en jaque,
Y mi salud en peligro,
Haber cumplido algunas metas,
No ha sido lo suficiente.

La balanza se ladeo y no me gustó,
Decidí ir encontra de mis principios,
Mi destino estaba truncado,
Y decidí, hacer todo otra vez.

Los próximos 50 años,
Si Dios me lo permite,
Estaré en una guerra imaginaria,
Para cambiar de rumbo mi destino.

Será una batalla conmigo misma,
Para enfrentarme a la adversidad,
Será campal, cruel y abstracta,
Comenzó sin darme cuenta.

Quiero recuperar el tiempo perdido,
Y muchas otras cosas más,
Tengo que estar fírme,
Enfocada, armada y segura.

Esta vez va por mí,
Quiero enfrentar ese fantasma,
Para enderezar mi balanza, ……así tenga que,
Luchar conmigo misma.

AMAR DE OTRA MANERA

Ahora si se amar de otra manera,
Lo digo muy de adeveras,
Primero eran castillos en el aire,
Después yo volaba entre las nubes.

Todo era color de rosa,
Yo creía que me adorabas,
Pero pronto comprendí,
Que estaba equivocada.

Ahora si se amar de otra manera,
Con el tiempo lo entendí,
Que no eras libre y no eras mío,
Las palabras se las llevó el viento.

Los castillos eran de arena,
Y las nubes solo eran pasajeras,
El color rosa se hizo grís,
Tú solo me engañabas.

Ahora si se amar de otra manera,
Solo amaré, con coraje y de adeveras.

PADRE AUSENTE

Ya sé que está vivo
Ya se que está ausente,
Tal vez él me quiere
Pero no está presente.

Yo si lo perdono
Por el abandono,
Tal vez me extraña,
O a la mejor nó.

Su ausencia dejó una huella
Pofunda en mi corazón,
La cobardía y el egoísmo,
Van de la mano las dos.

Ni lo extraño ni me engaño,
Tampoco lo estoy esperando,
El se alejó y fué su error,
Y yo sigo sin detenerme.

Ni su ausencia, ni su egoísmo,
Lo harán desistir de su error,
El tiempo pasó y no perdonó,
Pero yo si, le perdono su ausencia.

CUMBRES BORRASCOSAS

Estoy en la cumbre de una montaña,
Lo único que distingo esta muy lejos.
Y a mi alrrededor solamente hay
Cumbres borrascosas,
Me gustaría poder volar.

EL LLANTO

Lloré lágrimas de risa,
De soledad y de tristeza,
También lloré por compasión,
Y con rabia y orgullo.

He llorado lágrimas de sangre,
De dolor y de felicidad,
Hay que tener valor,
Pero me falta mucho más.

Es muy bonito estar conciente,
De tu sentimientos y tus sentidos,
Y demostrarlos con lágrimas,
Cuando no podemos hablar.

El no saber el porqué de las lágrimas,
Seria una lástima,
Soltar el llanto, es saber que estas vivo,
Las lágrimas, son una bendición.

OTRA VEZ

Ya volví a sentir el rechazo,
Es un dolor que penetra
Como un cuenta gotas en el corazón,
Lo siento como un castigo.

Penetra en un lugar
Al que no pertenece,
Viene acompañado siempre con dolor,
Con rencor y va dejando huella.

No quiero tener en mi corazón
Rencor, odio, ni tampoco envidia.
Siento la huella del cuenta gotas,
Que habrió un camino sin fin.

Hacía mucho tiempo,
Hacía muchos años,
Que no sentía otra vez,
Un rechazo en mi corazón.

CORAZÓN ENCHIDO

Siento el corazón que me palpita, ...pero despacio,
Siento el corazón hinchado, pero de dolor,
Siento el corazón que se me sale de el pecho,
Pero de tristeza.

Ya no siento el corazón,
Alguien me lo robó.

Yo me soñaba con un gran corazón
Lleno de amor, alegría y de bondad,
También enchido de orgullo y felicidad,
Se me ha perdido y no lo puedo encontrar.

LA NÁUSEA

La basca y el vómito,
Se fueron a casar,
La basca quería ser bonita,
El vómito ya era presumido.

La basca lo quería mucho,
Y a él, no le importaba nada,
Ya se habian revuelto,
Ya era muy tarde.

Querían ser felices así,
Pero con el paso del tiempo,
Comenzaron los sinsabores,
Los gestos y los disgustos.

Vino una explosión,
Se gritan se arañan,
Se ofenden y se revuelcan,
Ya todo se terminó.

Algun día, tienen que estar limpios,
Que lo malo se les aleje,
Que se vallan hacia el mar,
Para que se puedan purificar.

RECONCILIACIÓN

Ando buscando la reconciliación
Por todo esto que siento,
Con este sentimiento que tengo
De desesperación y desasosiego.

Por estos pensamientos
De enojo y desengaño.
Por estos arranques
De furia, odio y traición.

Ando buscando la reconciliación,
Siento mucha exasperación,
Agonía, dolor e injusticia,
Y falta de comprensión.

Llegé a lo máximo de mi paciencia,
Por falta de comprensión,
Y por una incomprensión,
No habrá reconciliación.

EL MÁS FUERTE

Quién es el más fuerte, alguien que crece solo,
O alguien que tiene capacidad para pensar,
Quién es el más fuerte, alguien que da frutos,
O alguien que cría sus retoños.

Quién es el más fuerte, alguien que da sombra,
O alguien que da ternura en su regazo,
Quién es el más fuerte ¿El árbol o Yó?

POBRE NIÑO MILLONARIO

Niño con abundancia de risa,
Niño con demasiados amigos,
Niño que baila y canta,
Niño con creatividad.

No le falta la alegría,
Tampoco sufre de hambre,
Él, ahora no es pobre,
Porque tiene a su mamá.

Niño que brinca y salta,
Es rico y no lo sabe,
Lo queremos y lo sabe,
Pobre niño, tan millonario de amor.

ANGUSTIA

¡Hay!
Esta angustia de recordar el pasado,
Y haber sido ignorado,
No quisiera que existiera.

Siento un dolor en el alma,
Tengo angustia y desesperación,
Mi corazón esta vacío.
Miserable y terrible angustia.

Aléjate de mi existencia.

SOLAMENTE

Solo viviré el momento,
Solo pensaré en el momento,
Solo cuando me miro en tus ojos,
Se me olvida que hubo pasado,
Pero ya lo sé, ...que no habrá futuro tampoco.

ALBUR

Si yo no sabía,
Como me atrevía,
Si yo no sabía,
Como lo híce.

Si yo ya sabía,
Eso si ní lo supe,
Yo como sabría,
Que sería un albur.

DEL MÁS ALLÁ

Sentir un respiro
Que viene más allá de tus pulmones,
Es tener paz.

Tener un simple suspiro
Es descanzar el alma.

Cuando respires y suspires,
Y sientas paz en el alma,
Es que bienen del más allá,
A traerte calma y felicidad .

EL IMÁN

Cuando se encuentran en un punto
El cóncavo y el convexo,
Es que hay un imán.

Cuando al impaciente
Lo convence un paciente,
Es que hay un imán.

Cuando a un loco, lo controla un cuerdo,
Es que hay un imán.

Cuando lloras, y encuentras
Quién te seque tus lágrimas,
Es que hay un imán.

Cuando la ignorancia
Se une a la inteligencia,
Es que hay un imán.

Cuando la amargura
Se une con la ternura,
Es que hay un imán.

Cuando el éxtasis
Se une con la calma,
Es que hay un imán.
Cuídalo mucho,
El imán, es tu talizmán.

EL TERCO

Era un hombre, que se encontraba
Dentro de un pozo, una señora
Lo encontró, y se acercó
Al escuchar unos lamentos.

Eran de mucha tristeza y dolor,
Ella quería escuchar su historia
Para ayudarlo a salir de ahí,
él le díjo todas sus penas.

Cuando ya íba él casi llegando al brocal,
Se regresó y dijo, que mejor no
Saldría, que seguiría su castigo,
Que él no habia echo las cosas bien.

De alguna manera, ella quería salvarlo
Y seguía ahí sentada en el brocal,
No podía creer tanta terquedad,
Quería que él no sufriera, y no se culpara.

Algun día, se le terminarían las fuerzas,
No podría ya más mantenerse a flote,
Le decía que pensara y fuera menos egoísta,
Que sus experiencias no fueran en vano.

Ella le rogaba que se diera otra oportunidad,
La señora seguía sacando el agua,
Por lo menos no moriría ahogado,
Era un manantial imposible.

Ella trató de alejarse de ahí,
Pero sabía que él tenía
un corazón muy noble,
Le tenía cariño y lo convencería.

Y ahí sigue ella sentada en el brocal,
El terco se castiga solo,
No quiere su libertad,
La señora lo esperara, ella es su mamá.

YA ERA TARDE

Cuando me miré por dentro,
Ya era muy tarde.
Mi mente ya estaba perdida,
Mis reflejos ya no tenían dirección.

Mi balance, ya no era el mismo,
Me enfrenté a mi misma,
No era mi reflejo en el espejo,
No había sombra ni luz.

Cuando me miré por dentro,
Ví una paz y un silencio
que llegó con el viento,
Como un susurro del tiempo.

No había distancia ni ambiente,
Y sentía mucha añoranza,
Habia un aire que no se respiraba,
Era un letárgico y pesado sentimiento.

Yo tenía sed, de la que no cura el agua,
Yo hablaba, sin tener voz,
Ya era muy tarde cuando comprendí,
Que me había convertido en una piedra.

EL FILO

La mentira y el engaño
Son como navajas nuevas,
No se siente cuando te cortas,
Pero con el tiempo lo sabrás.

Que la herida sigue ahí.
Cuando hay mentiras y engaño,
Es que hubo traición.
Yo la llevo dentro de mi corazón.

La navaja cortó sin darme cuenta,
No sentí y no supe como pasó,
Hubo mentiras, engaño, y traición,
Y la traición no tiene perdón.

EL MOLINERO

El molinero llegó
Y de un agujero salió.
El molinero esta aquí
Y llegó para quedarse.

Que no le dígan,
Que no le cuenten,
Vaya usted a cerciorarse,
El dice que es la verdad.

Pero lo que él muele
No es maíz ni es oro,
Ni tampoco usa agua,
No le pesa ni le agobia.

El molinero llegó.
Y moliendo está de todo.
Al derecho y al revés,
En polvo todo convirtió.

Esta moliendo esperanzas
Y también las ilusiones,
Cuidado con sus sueños
Porque también muele vidas.

Cuídece del molinero,
Él anda siempre buscado
Otras cosas que moler,
Agarra parejo y no se quiere detener.

Ya díje que muele de todo,
Y de éso no compro yo,
Aléjence pronto todos,
Por que él quiere quedarse.

Molinero, molinero,
Ya aléjate de este lugar,
Porque todo lo haces polvo
Sin que lo puedas remediar.

LA HIJA DEL VIENTO

Bella, bella y trabajadora
Y madrugadora como ninguna,
Piensa que va contenta,
A su negocio atender.

Lleva prisa, porque ella piensa
Que le robaron el alma,
Va derecho y no se quita
Ni se esconde en el rincón.

Arreméte y arrebáta,
Porque buscando ella está.
Tiene carisma, pero no se arrepiente,
Es manza, y también rúge como león.

Pelea contra todos los vientos
Porque esta en su imaginación.
No se crucen en su camino,
Por que rúge, arreméte y arrebáta.

No se arrepiente de nada
Que Dios la guíe y la cuide,
Porque lleva mucha prisa,
En encontrar su alma perdida.

www.ingramcontent.com/pod-product-compliance
Ingram Content Group UK Ltd.
Pitfield, Milton Keynes, MK11 3LW, UK
UKHW020139250726
13967UKWH00002B/756